AF562208

L27n
22282

ORAISON FUNÈBRE

DE

MONSIEUR JEAN-BAPTISTE

DALLIER

CURÉ DE LA MADELEINE, DE CHATEAUDUN
CHANOINE HONORAIRE DE CHARTRES

PRONONCÉE, EN L'ÉGLISE DE LA MADELEINE, LE 21 MARS 1866

Par M. l'Abbé Alf. POIRIER

Prédicateur de la Station du Carême

IMPRIMÉE A LA DEMANDE DU CLERGÉ DE LA VILLE
ET DES PAROISSIENS

---

1 franc, au profit d'une bonne œuvre

CHATEAUDUN
IMPRIMERIE AUG. LECESNE, RUE D'ANGOULÊME

--

1866

ORAISON FUNÈBRE

DE

MONSIEUR JEAN-BAPTISTE

DALLIER

CURÉ DE LA MADELEINE, DE CHATEAUDUN
CHANOINE HONORAIRE DE CHARTRES

PRONONCÉE, EN L'ÉGLISE DE LA MADELEINE, LE 21 MARS 1866

Par M. l'Abbé Alf. POIRIER

Prédicateur de la Station du Carême

IMPRIMÉE A LA DEMANDE DU CLERGÉ DE LA VILLE
ET DES PAROISSIENS

1 franc, au profit d'une bonne œuvre

CHATEAUDUN
IMPRIMERIE AUG. LECESNE, RUE D'ANGOULÊME

1866

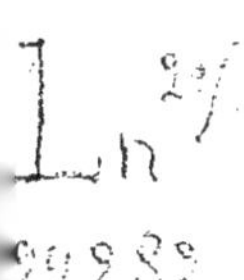

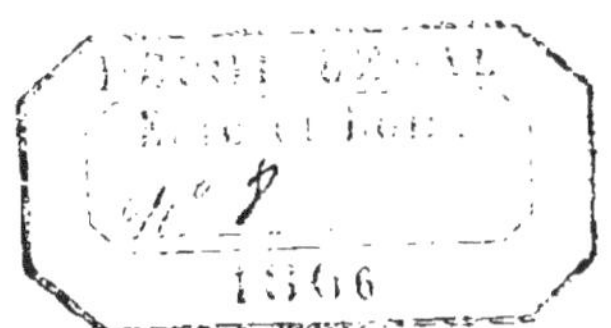

Le dimanche, 18 mars 1866, M. RADAIS, curé de la Madeleine de Châteaudun, successeur de M. DALLIER, adressait à ses paroissiens, au prône de la messe, les paroles suivantes :

« Mercredi prochain, 21 mars, nous célèbrerons dans cette « église, à dix heures du matin, un service funèbre pour le « repos de l'âme de M. le Curé, mon prédécesseur. C'est à « lui que nous devons le bienfait de cette station ; il est juste « que, par reconnaissance, nous lui en consacrions un jour. « Vous assisterez, je n'en doute pas, à cette cérémonie, pen- « dant laquelle sera prononcée l'oraison funèbre de notre « cher défunt. »

Ecce sacerdos, qui in diebus suis placuit Deo et inventus est justus.

Voici un prêtre qui, dans les jours de sa vie, fut agréable à Dieu et qui fut trouvé juste.

(Au livre de l'Ecclésiastique).

C'est un usage antique et vénérable, consacré par la liturgie de l'Église, de suspendre un instant les chants et les prières, au service funèbre d'un prêtre et surtout d'un pasteur, pour adresser quelques paroles de consolation aux fidèles affligés de sa perte, et retracer, dans un court éloge, ce qu'avaient d'édifiant sa vie et sa mort.

En me chargeant de prononcer devant vous, Mes Frères, l'oraison funèbre de M. Jean-Baptiste DALLIER, curé de la Madeleine de Châteaudun, et chanoine honoraire de Chartres, vous attendez, avec ces paroles de consolation que réclament vos regrets, les justes louanges d'une vie que vous avez su comprendre avant moi, et dont vos regrets même sont la gloire. Je vous en conjure donc, en empruntant les paroles de saint

Jérôme, faites trêve à votre douleur, et refermant quelque peu la blessure, qui saigne encore, écoutez l'éloge de celui dont la vertu vous charmait (1). Ne vous désolez pas d'avoir perdu, réjouissez-vous plutôt d'avoir possédé un tel pasteur; « *nec doleas quòd talem amiseris sed* « *gaudeas quòd talem habueris* » (2).

De même que les peintres, dans un étroit tableau, représentent une vaste étendue de terres; ainsi, dans ce discours abrégé, vous verrez comme une ombre et non pas les traits véritables de sa vie (3). Vous aurez égard à notre insuffisance, au peu de temps que nous laisse libre notre ministère de la parole, et vous ne ferez attention qu'à notre bonne volonté. « *Suscipiasque à* « *nobis non vires sed voluntatem* » (4).

J'eusse désiré qu'aujourd'hui, comme au jour de l'inhumation, comme à l'installation de son digne successeur, la voix d'un ami de vieille date s'élevât en cette assemblée ; mais, prédicateur de cette station de carême, qu'il m'avait demandée si instamment, je lui devais, je vous devais, M. F., de répondre aux vœux qui m'étaient exprimés, et qui trouvaient tant d'écho

(1) Obsecro ut modum adhibeas in dolore..... et obligato parumper vulnere, audias laudes ejus cujus virtute lætatus es. (*Sanctus Hieronymus ad Heliodorum avunculum*. Epitaphium Nepotiani).

(2) *Ibidem*.

(3) Et sicut hi qui, in brevi tabellâ, terrarum situs pingunt, ità in parvo isto volumine cernas adumbrata non expressa signa virtutum. *(Ibidem.)*

(4) *Ibidem*.

dans mon cœur ; je me sens heureux de payer mon faible tribut à sa mémoire. Ami de la dernière année, je ne l'ai connu personnellement que peu de jours; mais j'ai vécu avec lui, pendant ces jours de précieux souvenir, dans l'abandon de la familiarité, dans les communications intimes, et je l'ai apprécié. Il était de ces fleurs dont les douces nuances n'aiment pas la vive lumière, dont le parfum timide se dissipe au grand air et ne se recueille bien que sous les feuilles. A l'ombre du toît sacerdotal, j'ai vu briller la fleur, j'ai senti son parfum.

Depuis les débuts de cette station, j'ai vécu parmi vous, M. F., et je l'ai retrouvé. Je l'ai retrouvé dans sa dépouille mortelle qui repose avec honneur sous le bras de la croix; et je me suis agenouillé priant pour lui et le priant pour vous. Je l'ai retrouvé dans les entretiens particuliers de ceux qui l'avaient connu davantage et qui m'ont, avec bonheur, découvert les secrets qu'ils gardent comme un trésor. Je l'ai retrouvé dans ces photographies qui reproduisent la dignité modeste de sa pose, la noblesse et la bonté de son visage, le calme de ses traits, son regard doux et voilé, le fin sourire de ses lèvres. Je l'ai retrouvé dans quelques notes d'amis particuliers, qui honoraient sa tombe de l'expression chrétienne de leurs regrets, ou qui laissaient, aux lecteurs de vos feuilles périodiques, une intéressante et trop courte biographie. Je l'ai retrouvé en des lignes échappées du cœur et restées manuscrites. Je l'ai retrouvé surtout dans vos larmes, aux premiers mots que je vous adressai de cette chaire pour inaugurer la station qui était son œuvre, une de ses volontés suprêmes, dont il nous constituait, vous et moi, les exécuteurs testamentaires.

Or, tous ces restes de lui-même, tous les documents recueillis, me paraissent résumés par ces paroles de la Sainte Écriture, que l'Église applique à ses prêtres : *Ecce sacerdos*..... Voici un prêtre. La beauté intérieure de son âme et ses vertus cachées l'ont rendu un objet de complaisance aux regards divins, *placuit Deo*. Les hommes touchés de son dévouement, de sa charité inépuisable, de son égalité d'âme, de la douceur de ses procédés, les hommes l'ont trouvé juste, *et inventus est justus*. N'est-ce pas avec ces traits, M. F., que je ferai revivre ici votre bon curé, en face de cet autel, où tant de fois il célébra le sacrifice qu'on offre pour lui.

En M. DALLIER, vous avez vu le *prêtre* ; et, parce que Jésus-Christ, le type souverain du sacerdoce catholique, s'est fait prêtre selon l'ordre de Melchisédech, sans père, sans mère, sans généalogie; quelqu'honorable que fût la famille DALLIER, de Nogent-le-Rotrou, si vénéré soit le frère aîné de notre défunt, vous me laisserez ne reconnaître à M. DALLIER d'autre famille que vous, sa famille sacerdotale. Il a passé chez vous la grande et la meilleure partie de sa vie, trente années. Vous l'avez connu prêtre, non pas seulement lorsqu'il était dans l'exercice direct des fonctions divines, où il tenait la place de Jésus-Christ; car, dit Frayssinous, « dans la chaire de vérité, c'est Jésus-« Christ lui-même instruisant les peuples de la Judée ; « au tribunal de la réconciliation, c'est Jésus-Christ

« guérissant les lépreux et ressuscitant les morts; s'il « est prosterné au pied du sanctuaire, c'est Jésus-« Christ au jardin des Olives, priant pour les péchés des « hommes; s'il distribue l'Eucharistie, c'est Jésus-Christ « faisant la Pâque avec ses disciples; enfin, s'il a le « bonheur d'être la victime de son zèle, c'est Jésus-« Christ mourant sur la croix, victime de son amour « pour nous. » Vous l'avez connu prêtre dans tous ses rapports avec vous; prêtre dans ses visites et ses conversations, prêtre dans sa demeure, prêtre dans toutes les affaires que sa position l'obligeait de traiter, en dehors même des choses religieuses.

Si vous désirez quelque méthode à ce discours et que les vertus de ce saint homme vous soient présentées avec ordre, je vous recommande ces paroles, par lesquelles le docte Tertullien analyse la vie du prêtre, calquée sur celle de Jésus-Christ, et qui se dépense tout entière, *prædicando, operando, sustinendo,* dans la prédication, les œuvres, les souffrances.

1° — LA PRÉDICATION.

Prædicando. — Vous entendez, M. F., dans ce langage de Tertullien, non pas exclusivement la prédication de la chaire chrétienne, encore que M. DALLIER ait rempli cette part de son ministère, avec la doctrine solide, la simplicité noble de la forme et l'onction du pasteur. Mais la prédication offre un champ plus vaste; et, dans l'apostolat de la parole qu'exerce le curé au milieu de sa paroisse, la chaire même ne semble tenir qu'un rang secondaire, au moins quant au temps qui y est consacré et souvent hélas! quant au fruit qu'on en retire. Mais le pasteur a la prédication du catéchisme, la prédication du confessionnal, la prédication de la rue et de la maison, saint Paul ne veut-il pas qu'il aille, instruisant et exhortant les âmes commises à sa charge, *publicè et per domos;* il a la prédication du conseil, la prédication de l'exemple. Que vous dirai-je enfin, sinon que la vie du pasteur est une prédication continuelle.

Saint François d'Assise disait un jour à l'un de ses religieux : « Sortons, mon frère, allons prêcher. » Et le religieux d'obéir, quoique réfléchissant en lui-même qu'il n'avait point de sermon préparé, et quelle serait la matière sur laquelle il devrait entretenir son auditoire — et ils allaient toujours. Ils avaient traversé toute la ville, en divers sens, allant par les rues avec une extrême modestie. Comme ils rentraient au monastère, le religieux, croyant à un oubli de saint François : « Mais, « mon père, nous étions sortis pour prêcher! — Eh bien! « dit saint François, nous avons, en effet, prêché; la « prédication de l'exemple vaut mieux que celle des pa- « roles. » La vie tout entière de votre saint curé n'était-elle pas une prédication de ce genre?

Elle appuyait singulièrement la prédication par la parole. J'ai recueilli, du témoin le plus autorisé, un fait de prédication par la parole qui date de ses premières années.

Ne vous étonnez pas, M. F., que, voulant vous présenter M. DALLIER exclusivement comme *prêtre,* je vous apporte ici un fait d'enfant, de petit enfant, car il n'avait encore que neuf années. Lorsque l'esprit de Dieu veut faire un prêtre, il l'inspire de long temps et le prépare d'avance; et, suivant l'expression de son vénérable frère, Jean-Baptiste DALLIER *a toujours vécu prêtre, il est né prêtre*. Saint Grégoire de Nazianze avait dit ce beau mot du grand saint Bazile : « Il était prêtre avant même d'être prêtre ; » c'est-à-dire il en avait les vertus avant d'en avoir reçu l'onction ; il en faisait les œuvres avant d'en porter la charge; il était prêtre par son zèle, par la gravité de ses mœurs, par l'innocence de sa vie, avant de l'être par le caractère de l'Ordre. Il était prêtre dans la maison paternelle, et c'est là que se passe le fait dont je veux vous faire part.

Dans une chambre retirée, le jeune DALLIER avait dressé un autel; c'était son oratoire; il y réunissait chaque jour la famille entière, parents, frères, sœurs, domestiques. Il fallait que tout le monde y vînt, et s'y comportât avec le même respect, le même silence, qu'à l'église. Lui-même était tout dans ce sanctuaire ; le sacristain : il disposait tout avec cet ordre, cette propreté que vous lui connaissiez ; le prêtre : il faisait la prière à laquelle tous répondaient ; puis le prédicateur, car il y avait sermon. De vieux domestiques étaient là, qui écoutaient les exhortations ardentes de ce petit ; et si quelquefois un sourire bienveillant erra sur les lèvres, à la vue de l'orateur enfantin, d'autres fois aussi les larmes coulèrent des yeux, émus qu'étaient les assistants de cette piété, de cette dévotion précoces.

Il fut prêtre à la célèbre pension de M. l'abbé Liautard ; déjà il y portait, avec son frère aîné, le vêtement caractéristique du prêtre et des aspirants au sacerdoce, la soutane. Un de leurs cousins les avait attirés avec lui dans cette excellente maison. Une congrégation de la Très Sainte Vierge y était établie, pour les plus fervents élèves ; les trois DALLIER y furent bientôt admis, et j'ai retrouvé le souvenir encore présent de leur édifiante réception chez un des anciens congréganistes, leur contemporain. Heureusement, M. F., la vertu est contagieuse comme le vice, et ces trois jeunes gens eurent entre eux la sainte émulation du bien et de leur avancement dans la voie parfaite du Christianisme.

Jean-Baptiste DALLIER fut bientôt, par le même cousin, plus tard Grand-Vicaire de Versailles, appelé dans cette ville comme professeur à la Pension Royale de Madame la duchesse d'Angoulême. Là encore, il fut prêtre; bien que son âge n'eût pas permis à la main de l'Évêque de se poser sur sa tête pour y appeler l'Esprit qui consacre les ministres de Dieu. Je ne vous étonne plus, en disant que professeur il était prêtre. C'est bien un sacerdoce que l'éducation de la jeunesse. Heureux qui le comprend ainsi pour l'exercer ! Heureux les jeunes gens élevés par des maîtres qui ont ces hautes vues sur l'éducation des âmes. Il fut ordonné prêtre enfin, avec dispense, n'atteignant pas la première limite d'âge fixée par l'Église pour l'ordination de ses ministres ; en lui, selon l'expression du poète, comme

« aux âmes bien nées,
« La vertu n'attend pas le nombre des années. »

— « Je vais vous faire un cadeau , » disait Mgr Clausel de Montals à Mme de Tarragon, « un tout jeune prêtre pour curé, mais c'est un trésor. » Et le Prélat envoyait à Romilly-sur-Aigre, canton de Cloyes, M. Jean-Baptiste Dallier, en 1827.

De fait, les vertus du jeune curé lui attirèrent de suite une *vénération* au-dessus de son âge. Il était là, M. F., ce que vous l'avez connu depuis, digne et simple, régulier dans l'organisation de sa vie, voué à son œuvre de prêtre. Mais alors, en raison de son âge et de son ministère moins considérable, plus appliqué à l'étude qu'aux soins extérieurs d'une paroisse de six cents âmes.

Laissons les neuf années de Romilly s'écouler paisibles, sous l'œil de Dieu. Voici un plus grand théâtre pour l'exercice de son zèle : en 1836, il était officiellement aumônier de l'Hôtel-Dieu et premier vicaire de la Madeleine, — en réalité, il fut dès lors curé, supportant le poids du jour et de la chaleur, sans les honneurs du titre. — Toutefois le bon vieillard, qu'il secondait avec tant de zèle, de discrétion et d'humilité, voulut se démettre en sa faveur. Cette détermination entrait dans les vues de Mgr l'Évêque. M. Dallier fut installé Curé de la Madeleine. Nous sommes en 1841.

Un quart de siècle s'est passé tout entier ; et, bien que la lumière se voulût cacher sous le boisseau, son éclat était si grand qu'elle s'est révélée malgré elle.

Vous dirai-je, Chrétiens, ce que vous savez mieux que moi, la douceur et la prudence de sa direction au confessionnal ; la piété et la clarté de ses instructions au catéchisme ; l'aménité de ses conversations, lorsqu'on venait traiter quelqu'affaire avec lui, et dans les rares visites qu'il rendait, lorsque la reconnaissance des plus légers services les lui présentait comme un devoir, lorsqu'il s'agissait de faire bien au plus petit, comme au plus grand, sous un rapport quelconque, lorsque le malheur était allé frapper à votre porte.

La Sainte Écriture lui avait appris que « mieux vaut « entrer dans la maison des larmes, que dans la maison « des festins, parce que dans celle-là on est averti de la « fin de toutes choses et celui qui jouit encore de la vie « pense qu'il la perdra bientôt. »

Où la mort avait passé, laissant des ruines et des pleurs, on était sûr de voir apparaître M. DALLIER ; on l'attendait et l'attente ne fut jamais trompée ; du reste, il avait une manière à lui de toucher la plaie, si délicatement qu'il en rapprochait les lèvres sans secousse, la fermait tranquillement et versait dessus l'huile de l'apaisement et le vin du réconfort. De ce mélange il composait un baume que recevaient avec plaisir ceux même qui, jusque-là, auraient témoigné de l'hostilité à la Religion et à ses ministres : « Oh ! je « n'oublierai jamais, disait un de vos honorables conci- « toyens, les consolations qu'il vint m'apporter au « moment de la mort de ma mère. » Il est vrai, le don de la consolation était un de ses dons.

Bon, autant qu'il l'était, et sentant que sa présence pouvait apporter soulagement dans les jours où le ciel se couvre des nuages de l'infortune, il arrivait. Chaque après-midi, régulièrement, il visitait ses malades ; c'était un point de son règlement et l'une des actions de la journée qui avait son heure fixe ; et ceci nous conduit à la seconde parole de Tertullien, *operando*.

II. — LES ŒUVRES.

Si vous connaissez une journée du cher défunt, vous les connaissez toutes, sauf ces indispensables modifications, qu'un exercice imprévu de charité, qu'une veille de fête, qu'un plus long séjour à l'église et au confessionnal pouvaient amener. A quatre heures et demie au plus tard, il se levait ; souvent, pour une instruction à préparer, pour des confessions à entendre, l'heure était avancée. Si matin que se présentassent des domestiques, peu libres de leur temps, elles trouvaient toujours le confesseur ; plutôt que de faire attendre, il aurait prévenu l'heure du rendez-vous. Quelque froide que fût la grande église, dans les hivers rigoureux, il était là.

Il était là, non pas exclusivement en qualité de confesseur. Là, il faisait de longues prières, là il remplissait toutes ces fonctions subalternes dont un autre ne pouvait s'acquitter avec son esprit de foi, avec ses attentions minutieuses.

Il me souvient que saint Jérôme a tracé son portrait, en écrivant celui de Népotien, dans l'épître fameuse où il dit de lui : « Cette âme, vouée à Jésus-Christ, s'ap-
« pliquait également aux petites et aux grandes choses.
« Il prenait soin que l'autel fût brillant, *si niteret altare ;*
« que la poussière ne s'attachât point aux murs, *si*
« *parietes absque fuligine ;* que le pavé fût balayé, *si*
« *pavimenta tersa ;* que la sacristie fût propre, *si sacra-*
« *rium mundum ;* que les vases saints fussent luisants,
« *si vasa luculenta ;* et dans toutes les cérémonies une
« pieuse sollicitude l'accompagnait, *et in omnes cœri-*

« *monias pia sollicitudo disposita.* Il ne négligeait aucune « partie du service, non plus les moindres que les im- « portantes, *non minus non majus negligebat officium.* » N'était-ce pas lui qui s'employait à l'ornementation des autels, surtout de son autel de la Très Sainte Vierge, pendant le mois de Marie, dont il avait introduit la dévotion dans cette ville? Il l'ombrageait de verdure et de fleurs, empruntées aux différents arbres de nos jardins « *qui diversis floribus et arborum comis, vitiumque* « *pampinis adumbrârit,* tellement que tout ce qui faisait « plaisir dans l'église, tant par la disposition que par la « vue des choses mêmes, attestait le travail et le zèle « du pasteur, *ut quiquid placebat in ecclesiâ, tam dispo-* « *sitione quam visu, presbyteri laborem et studium testa-* « *retur.* » L'église était presque son habitation ordinaire, et à l'exemple de l'enfant Jésus que Joseph et Marie, après une anxieuse recherche de trois jours, ne purent retrouver que dans le temple, quelque part que vous le cherchiez, vous le trouviez à l'église. « *Ubicumque eum quœreres, in ecclesiâ invenires.* »

L'exactitude rigoureuse à ses heures lui laissait du temps pour tous, excepté pour lui-même. Que de fois il a fallu ruser, afin de lui conserver une demi-heure pour son repas du milieu de la journée. Ce repas à peine fini, il était aux malades. Comme la célébration de la messe, la récitation du bréviaire, l'audition des pénitents avaient rempli les premières heures de la matinée, le bréviaire, la visite au Très Saint Sacrement, la lecture spirituelle et le chapelet occupaient les premiers moments libres de l'après-midi, au retour de sa visite chez les malades. Tout le reste du jour, il était au premier occupant. Pour tel motif qu'on se présentât, on était accueilli avec cette politesse exquise, cette urbanité de formes, cette distinction de langage, cette bienveillance ou ce respect, suivant la position des personnes ; avec cette simplicité de bon ton, qui vous mettait à l'aise, en conservant les distances. Jamais de hauteur, jamais de familiarité malséante ; sa présence seule imposait le le respect. Pris du rang commun des hommes, élevé avec des condisciples de bonnes familles, placé à la tête du peuple et parmi les princes de la tribu lévitique, il réunissait les qualités de chaque condition. Il avait, dit saint Jérôme, cette dignité de tout le corps, qui revêtait comme d'un beau vêtement la beauté de son âme. « *Totius corporis dignitas, quâ veluti pulchro indumento* « *pulchritudo animæ vestiebatur.* » Avec ce rare ensemble, donnant la main à toutes les classes de la société, il n'était déplacé nulle part.

Prêtre et curé, devant servir d'intermédiaire, souvent le seul possible, entre ceux qui ont et ceux qui n'ont pas, il portait, avec l'éloquence du cœur, la plainte des petits qui se révélaient à lui jusqu'aux grands qui l'eussent ignorée ; et recevant les largesses du riche charitable, il les transmettait au pauvre besoigneux. On dit que la confiance ne se commande pas. J'oserais presque nier le proverbe pour votre pasteur ; la bonté, la franchise de ce visage, la limpidité de cette âme, vous ouvraient le cœur, et votre secret échappait à vos lèvres. N'ayez pas peur, le confident est sûr, le secret sera bien gardé.

Un jour, dans une scène déchirante, il apprend un besoin extrême. S'il n'a pas une prompte assistance, un malheureux ne reculera pas devant le suicide. Ce n'est pas de ces légers secours qu'il peut donner, sans que nul autre que Dieu le devine. Il s'agit d'une somme de cinq cents francs. Impossible; le pauvre curé n'a jamais eu tant d'argent à la fois qui ne dût rien à personne ; il est navré ; la nuit suivante l'émotion de son cœur défend au sommeil de clore sa paupière ; il s'ingénie, il invente. Avec son cœur, hélas! il est timide. Le lendemain pourtant, le cœur triomphe ; et le pasteur va frapper à une porte que la charité connaît bien. Il expose le fait : les âmes auxquelles il s'adresse sont à la hauteur de la sienne : « Monsieur le curé, nous faisons, comme tous, nos menues aumônes; mais nous sommes riches surtout pour des œuvres de ce genre. » Et il court joyeux rendre au désespéré le courage et la vie, avec le billet de cinq cents francs.

La scène de Dorcas eût pu se reproduire, au jour de ses funérailles; et les pauvres auraient présenté tout ce qu'ils avaient reçu de lui. La misère qui parle était écoutée ; il allait quérir et interroger la misère qui se tait et n'a pas autre nourriture à dévorer que son chagrin ; et il donnait à tous. Il est vraiment prodigieux qu'il ait pu, avec ses modiques ressources, faire face à tant de besoins. Sans doute des âmes généreuses versaient, par ses mains, leur superflu dans le sein des pauvres, se tenant pour assurées que leurs aumônes seraient mieux employées, par ce charitable entremetteur, qui d'abord avait donné tout le sien. Voilà,

M. F., le merveilleux secret d'avoir beaucoup à donner, ne rien réserver du sien. L'abondance naît de la disette. Vous savez qu'il en était ainsi chez votre pasteur, nobles dames, qui preniez à tâche d'entretenir son ménage, parce qu'il se faisait un devoir de le dégarnir à mesure. Vous avez organisé de pieuses ligues et ourdi de saints complots, pour réparer les brèches de l'armoire au linge. Je dirais de M. Dallier ce qu'on a dit de saint Vincent-de-Paul : pauvre pour lui, il était riche pour les autres; l'argent d'aumônes se multipliait entre ses doigts; plus les nécessités croissaient, plus sa bourse était inépuisable ; elle ressemblait au petit vase d'huile de la pauvre veuve qui nourrit Elisée; le petit vase versait en de plus grands, les remplissait jusqu'aux bords et ne diminuait pas.

Il ne pouvait m'échapper, M. F., de rappeler un souvenir de saint Vincent-de-Paul. Sous ce patronage, qui lui était cher, j'ai connu votre pasteur. Il paraissait y avoir entre eux plus d'un rapprochement. A la fête de saint Vincent-de-Paul, il avait reçu la première tonsure; il était venu ici, en qualité d'aumônier des Filles de saint Vincent-de-Paul; son installation de curé avait eu lieu à l'autel de saint Vincent-de-Paul, la grande nef étant alors interdite, par suite de craintes exagérées sur sa solidité. D'ailleurs, le même genre de vie, et ce qu'on pourrait appeler les défauts de leurs qualités se rencontraient également en tous deux. M. Bourdoise, curé de saint Nicolas du Chardonnet à Paris, disait de saint Vincent-de-Paul : « M. Vincent n'ose rien; c'est *une*

« *poule mouillée.* » Historique, le mot est devenu proverbial. Et c'est le seul reproche, qu'on adressât à M. DALLIER, de n'oser rien, de trembler devant tout le monde et de ne vouloir jamais contrarier personne, pas même un petit enfant.

Ce reproche, je le confesse, M. F., et ne me préoccupe nullement de le dissimuler. Instruit à l'école de Jésus-Christ et des Saints, j'ai appris qu'il n'y a qu'une chose que le prêtre ne doive pas mériter : le *Mépris. Nemo te contemnat*, écrivait saint Paul à son disciple Tite : Que personne ne te méprise. Quand Jésus-Christ souffrait au prétoire, sous les coups des plus vils bourreaux ; quand il portait sa croix de Jérusalem au Calvaire; quand il y était élevé sous les yeux de tout le monde ; il y avait contre lui des reproches, et du ciel à la terre, des démons à l'homme, une haine plus vaste et plus profonde que l'Océan ; mais l'estime survivait. Ainsi, j'avoue ce reproche de faiblesse, parce que l'estime survit. Cependant, il importe de se rendre compte des effets par les causes, et j'interroge le principe de la faiblesse de notre défunt. De l'aveu de tous, c'est un excès de charité, si la charité peut avoir des excès. Il aurait voulu suivre à la lettre le précepte de saint Paul : ne donner à personne aucun sujet de blâme et de mécontentement pour que son ministère n'en souffrît pas (II. Cor. VI, 3.), se montrer en toutes choses le ministre de Dieu, ne rendant mal pour mal à quiconque ; pourvoyant à ce que tout fût bien pour tous, non-seulement devant Dieu, qui juge le fond des consciences, mais encore devant tous les hommes ; s'appliquant autant qu'il se peut faire, autant qu'il dépendait de lui, à garder la paix avec tout le monde. *Si fieri potest, quod ex vobis est, cum omnibus hominibus pacem habentes.* (Rom. XII, 17-18.)

Je me sens débordé sur ce chapitre, M. F., par tout ce qu'on rapporte de cette longanimité, qui ne se rebutait de rien ; de ces ingénieuses manières d'envisager les choses sous la belle face pour tout excuser ; de cette égalité d'âme qui supportait sans répondre les plus dures observations ; de ces attentions délicates dans la façon de donner, attentions plus agréables au pauvre que l'aumône elle-même, attentions sans lesquelles l'aumône est humiliante et pénible. A l'imitation de saint Nicolas de Myre, M. DALLIER, en quittant la maison du pauvre qu'il était venu voir, oubliait sur un meuble, sur la cheminée, la pièce d'argent nécessaire. Et ce généreux caractère, qui ne se vengeait d'une injure que par un redoublement d'égards, de déférence et de bons soins, tellement que, s'il n'eût été excellent ami, on se serait pris à désirer d'être son ennemi pour en être mieux reçu et mieux traité ! — « Monsieur le Curé, lui observait-on « certain jour, pourquoi faites-vous une démarche à « laquelle rien ne vous oblige et qui prouve votre estime « pour un tel? Avez-vous oublié tout ce qu'il a débité « contre vous? — Voyez-vous, si j'agissais autrement, « je craindrais qu'il n'y eût un petit sentiment de « vengeance. »

Pour lui aucune acception de personne ; sa conduite était la traduction de cette parole de l'Apôtre : *Omnibus debitor sum ;* Je me dois à tous ; et à tous il se dévouait.

Non content de donner ses soins, de dépenser sa fortune, il se sacrifiait lui-même : « *impendere curam, impendere substantiam, impendere seipsum.* » (Saint Bernard). Toujours le grand cœur de l'Apôtre : *Omnia impendam et superimpendar ipse pro animabus vestris*, je donnerai tout, je me livrerai moi-même par surcroît, pour le salut de vos âmes.

Sa charité n'avait d'égale que l'humilité qui la tenait dans l'ombre ; il avait peur que ses bonnes œuvres ne fussent connues. A l'exception de cette chapelle de la Très Sainte Vierge, qu'il a édifiée de ses ressources et dont les pierres crieraient : *Etiam lapides clamabunt*, si je n'en faisais une mention honorable ; à l'exception de l'œuvre du *Vestiaire* pour *ses pauvres*, et de l'établissement des *Sœurs de bon secours*, en faveur de *ses malades ;* rien n'aurait dû me découvrir les œuvres de sa charité, si bien cachée que sa main gauche avait ordre de ne pas apercevoir ce que faisait sa droite. Et si vous me demandez comment j'ai su toutes les choses que je vous raconte, je vous réponds que je m'en étonne moi-même, je tâche de m'expliquer ce mystère ; et voici comment je puis m'en rendre compte.

Vous avez vu peut-être, d'un regard joyeux et reposé, certains endroits d'une large prairie, où le gazon est plus fourni et les touffes d'herbe plus hautes. Ce sera une bande, une zône de verdure et de fleurs à travers la vaste pelouse. Vous n'en découvrez pas la cause ; je vous prie, creusez quelque peu ; l'onde pure d'un ruisseau, qui passe en secret sous les terres, murmurera à votre oreille le mot de l'énigme. Ainsi, voyant la pauvreté secourue, la maladie soulagée, l'affliction sans larmes amères, la nudité couverte, les pécheurs convertis, des chrétiens tièdes jusque là devenus plus fervents, des âmes déjà bonnes avançant à grands pas sur la route de l'héroïsme évangélique; outre l'influence nécessaire du Ciel, j'ai cherché, j'ai trouvé l'influence secrète mais sensible de ce courant de charité, et j'ai reconnu en tout le bien qui s'est fait parmi vous, M. F., l'œuvre de votre pasteur.

O mon discours, m'écrierai-je avec saint Jérôme, pourquoi ne finissez-vous pas? Pourquoi tergiverser ainsi et reculer, comme si, en prolongeant mes paroles, je pouvais prolonger cette vie et retarder la catastrophe? « *Quasi mortem illius differre possimus et vitam* « *facere longiorem.* » Nous craignons d'arriver au bout de la carrière ; et pourtant, chrétiens, il faut finir et vous expliquer la troisième parole de Tertullien qui achève et parfait dans la vie du prêtre la vie même de Jésus-Christ : *sustinendo.*

III. — LA SOUFFRANCE.

Non pas assurément qu'une vie si pure ait été exempte de tribulations et d'angoisses. L'homme est né pour souffrir, comme l'oiseau pour voler ; et, le serviteur n'étant pas plus grand que son maître, le prêtre doit porter avec Jésus-Christ sa part de la croix.

C'est ce que fit M. Dallier. Des jours d'épreuves se levèrent pour lui, il eut à compter des heures pesantes. Croyez-le bien, M. F., quand même vous eussiez semé de roses tous ses pas, au milieu de vous, il s'y serait encore, à votre insu et malgré vous, je le veux, rencontré sous les roses plus d'une épine perçante. La sensibilité de son cœur lui rendit plus pénibles ces épreuves, mais il les accepta, il les souffrit, il les aima comme un vrai chrétien et un saint prêtre. Un de ses grands chagrins, son plus grand, j'allais dire le seul chagrin qui se soit fixé dans son âme, est celui de n'avoir pas ramené au bon Dieu, par la pratique des devoirs religieux, tous ses chers paroissiens.

Vous ne sauriez croire, M. F., ce qu'il avait entrepris pour cela. De longues prières, chaque jour, passaient de son cœur à ses lèvres dans cette intention; puis il avait appris des Saints que la prière est plus efficace et plus sûrement exaucée, quand elle s'appuie sur la pénitence, et il aurait voulu s'enfermer dans le couvent d'un Ordre sévère et s'y mortifier à son aise; il allait souvent, presque chaque année, faire une retraite à la Grande Trappe de Mortagne, et y puiser, parmi ces austères religieux, un amour plus ardent de la pénitence. Empêché de se joindre à eux, il avait fait avec eux alliance de prières et de mortifications; il s'était voué, victime volontaire, à de rudes macérations, pour obtenir la conversion de ses pécheurs. Il portait le cilice souvent et quelquefois la ceinture de crin, il se flagellait jusqu'à trois fois par semaine; les disciplines et les chaînes de fer sont là encore, pour attester les mortifications du saint homme. J'ose vous dévoiler, Chrétiens, les rudes industries de son zèle pour vous, dans la conviction que vos âmes n'y seront pas insensibles et que les souffrances de votre pasteur, unies à celles du Seigneur Jésus, dans le même but de vous gagner à Dieu, obtiendront un résultat si désiré. Je ne puis croire que tant de peines soient inutiles, et en vérité vous seriez bien durs, s'il ne se soulevait aucune émotion dans vos cœurs. Il avait senti cette émotion celui de vous qui s'exclamait, pendant la maladie de notre saint curé, dans une lettre que j'ai entre les mains : « Et dire que nous « avons résisté à tant de zèle, à tant de pénitences, à « tant de vertus ! O mon Dieu, pardonnez-nous. »

Le serviteur avait assez longtemps travaillé pour la gloire de son Maître ; que reste-t-il, chrétiens? sinon qu'il s'étende sur la croix, à la divine façon du Christ Jésus.

Il partait d'ici, le samedi 4 novembre, déjà souffrant; mais il savait faire plaisir à un jeune prêtre de Châteaudun, en allant présider à son installation ; et il partait. Pour que personne n'eût à souffrir de son absence, il avait indiqué avant cinq heures du matin des confessions — ce devaient être les dernières. — Le même jour, il prenait le lit chez son frère, alors curé de Saint-Pierre de Chartres, aujourd'hui archiprêtre de la cathédrale. On pouvait avoir certain pressentiment de sa fin prochaine, en l'entendant, depuis près d'une année, réciter dans son action de grâces, après la Sainte Messe, un *Pater* plus accentué que les autres, et notamment ces paroles : *Que votre règne arrive.* Le royaume de Dieu approchait en effet pour lui. Pendant cette première semaine de sa maladie, il disait souvent : « Ah ! « ma pauvre paroisse de la Madeleine ! Si le bon Dieu me

« donnait donc de rentrer dans ma chère paroisse, « pour y mourir ! »

Il y rentrait le samedi suivant ; une amélioration assez notable laissa un peu d'espoir pendant plusieurs jours. L'année ecclésiastique s'ouvrait le 3 décembre, avec le premier dimanche de l'Avent ; il voulut la commencer avec vous, M. F., vous faire porter ses vœux et son espoir de la continuer avec vous, si telle était la volonté de Dieu ; il avait dit ce jour-là un *Pater* et un *Ave*, dans son action de grâces, après le saint Viatique, à l'intention de ceux qui priaient pour lui.

Vous priiez en effet, M. F.; et, voulant retarder la couronne et la récompense du pasteur, pour la rendre encore plus belle, vous consultiez davantage les besoins et les désirs du troupeau. Vous n'avez négligé, avec la prière, aucun des remèdes humains. J'ai su toute la sollicitude généreuse des hommes savants dans l'art de guérir : Ah ! consultez, Messieurs, pour conserver le père à sa famille ; puisez dans les herbes que produit la terre sous la fécondation de Dieu, puisez dans les découvertes de la science moderne, pour composer ces liniments et ces potions ; il vous est bien reconnaissant de tous les soins que vous prenez de lui ; et un jour, dans votre absence, il demandait : « Dites, ma sœur, « qu'est-ce que je pourrai faire pour ces bons médecins « qui me soignent avec tant de dévouement ! »

Mais avec l'art des hommes, priez, paroissiens de la Madeleine, priez encore ; organisez cette neuvaine de supplications ; faites parler pour lui dans tous les sanctuaires vénérés. Vous n'avez pas oublié une messe à

Notre-Dame-des-Victoires, à Paris; une messe au tombeau du grand Thaumaturge des Gaules, saint Martin de Tours; des recommandations spéciales à la sainte Face miraculeuse, à l'adoration nocturne du Saint-Sacrement. Ames saintes, vous avez passé une nuit tout entière devant la porte du tabernacle, implorant et versant des larmes; les anges des bonnes prières ont porté vos vœux jusqu'au trône de Dieu, mais avec tous vos vœux la prière du saint curé; et il ne sollicite pas son retour sur la terre, non pas qu'il veuille se débarrasser des restes de cette misérable vie, non pas qu'il refuse le travail; mais il a dit : *Notre père, que votre volonté soit faite.*

Il souffre de cruelles douleurs; et le jour de l'Immaculée Conception, le 8 décembre, il demande : « encore plus de souffrances, Seigneur, encore plus. » et il ne veut pas se plaindre, il ne se permettra pas même un de ces longs soupirs qui semblent adoucir le mal : « Oh non ! je ne m'impatiente pas de mon mal, je « ne m'en plains pas ; mais je me reproche de n'être « pas assez gai. »

Et pourtant il est plus calme que ceux qui l'entourent, et pendant que les autres sanglotent, il sourit doucement, « *lœtus erat vultus et, universis plorantibus, solus ipse* « *ridebat.* » Un instant, il a paru essuyer une de ces tentations décourageantes du démon ; il se juge un si grand pécheur; comme l'humble curé d'Ars, il offre ses souffrances *pour expier les péchés de sa pauvre vie*; et il a peur des jugements de Dieu. En revanche, un autre jour, son visage s'illumine, on croirait à une extase, il y a comme un reflet des splendeurs de la vision béatifique.

Les quarante jours de sa maladie vont finir ; il termine sa vie par un carême de rigoureuse pénitence ; le carême, qu'il aimait tant, parce qu'il jeûnait davantage et parce qu'il avait un plus grand nombre de ses paroissiens à l'église. « *Ce bon carême,* disait-il, je verrai « donc venir prier dans ma pauvre Madeleine. »

Comme les remèdes étaient impuissants ; à ceux qui lui en manifestaient leur chagrin, il répondait : « Ne « vous inquiétez pas, la pensée de la Passion de mon « Sauveur va effacer tout cela. »

Dans plusieurs circonstances, se rappelant une pensée de l'ouvrage du P. Faber *(le Créateur et la Créature)*, qu'il venait de lire, il répétait : « Je sais bien que je ne « suis qu'une créature ; je dois me soumettre. » Il avait été frappé de la définition que l'auteur de ce livre donne de la créature ; il avait pris là-dessus une note, inopinément tombée entre nos mains. Voici cette note : « Une créature signifie : Tout pour Dieu. La sainteté « n'est qu'un dépouillement de nous même. Être « créature, c'est être fils d'une manière intense et « spéciale ; n'avoir la vie, le souffle et l'être que de la « ferveur de l'amour filial, qui tire ses feux du sein de « son père, au milieu des embrassements de son père. « La sainte humanité du fils éternel, rayonnant au sein « de la Très Sainte Trinité, tel est le type, la signification, « la perfection de la créature. » Cette profonde doctrine de l'amour et de l'humilité, son âme l'avait goûtée : « Je suis une créature, je dois me soumettre. »

Puis, le moment approchant d'offrir de pleine volonté

le sacrifice de sa vie : « Oui, de grand cœur, s'écria-t-il, « tout sacrifier pour Jésus. »

Un jour, M. F., le saint malade avait reçu le viatique des mains de son vicaire, dont il était aimé et qu'il aimait si tendrement. L'action de grâces se passait dans les doux et pieux entretiens avec le bon Dieu ; il appelait la force pour sa faiblesse... tout-à-coup il regarde ; le vicaire est agenouillé près de son lit, étouffant ses sanglots, cachant ses larmes dans ses mains, il demande la bénédiction suprême du pasteur pour son troupeau, et pour lui personnellement. Attendri, le moribond pose avec effort sa main décharnée sur la tête du jeune prêtre. « Mon cher ami, je vous bénis, ou plutôt « c'est le bon Dieu que je viens de recevoir ; je bénis « ma chère paroisse ; je désire vivement qu'ils soient « toujours unis. »

Je vous la rapporte, cette bénédiction, M. F., et je ne me trompe pas en disant qu'elle se renouvelle aujourd'hui. Du ciel, sa droite s'étend sur nos têtes, il nous bénit de la bénédiction d'un cœur sacerdotal qui a cherché les âmes en Dieu, et travaillé sans relâche à mettre Dieu dans les âmes ; « je bénis ma chère paroisse, « je désire qu'ils soient toujours *unis*. »

Qu'ils soient unis dans la même foi de J.-C., qu'ils soient unis dans la même espérance du ciel, parce qu'ils pratiqueront les mêmes commandements du Seigneur ; qu'ils soient unis et consommés dans l'unité de l'amour fraternel ; qu'il n'y ait plus ni divisions ni schismes. Qu'ils soient unis dans l'unité de la sainte Église Catholique, que désormais il n'y ait plus qu'un bercail et qu'un pasteur. Qu'ils soient unis.

Vous avez entendu, M. F.; et vous l'avez compris, ce sont les derniers élans de l'âme qui se détache de la terre ; la dernière lueur de la lampe est plus vive; mais je crains cette beauté de sa lumière, parce qu'elle finit. Le samedi (car c'est une coïncidence remarquable que toutes les phases de sa maladie s'attachent au jour consacré à la Sainte Vierge), le samedi, 16 décembre, à une heure d'après-midi, il avait remis sa belle âme entre les mains de son père céleste.

Nous avons la confiance que notre pasteur est aux cieux, nous aimons à le croire mêlé aux chœurs des saints. « *Scimus quidem Nepotianum nostrum esse cum* « *Christo et sanctorum mixtum choris.* »

Toute la ville le pleure, tout le pays le regrette, « *tota* « *hunc civitas planxit, tota planxit Italia.* » La terre a reçu son corps, et son âme est retournée au Christ. « *Corpus terra suscepit ; anima Christo reddita est.* » Il n'est plus avec vous, M. F., et il est à vous plus que jamais, par une affection non moins étroite, par une intercession plus puissante, par une plus efficace protection.

J'ai lu avec attendrissement, dans vos feuilles, le récit de la triste et imposante cérémonie des obsèques, le concours des fidèles, la présence des autorités, le nombreux cortége de prêtres, les marches funèbres de votre musique alternant avec les chants de l'Église; tout cela était digne de vous, M. F., digne de lui. J'ai lu la formation instantanée de votre commission pour le monument funéraire à élever sur la tombe vénérée. Les

1200 francs, et plus, recueillis jusqu'à ce jour, sont, par l'éloquence des chiffres, une irrécusable preuve de la sympathie des cœurs.

J'ignore, et vous ne savez pas encore vous-mêmes, quel sera le monument de pierre que les artistes érigeront sous l'inspiration chrétienne ; mais je connais un autre monument déjà préparé, un monument plus cher à son cœur, et qu'il vous importe, M. F., de dresser selon ses dessins et d'après son modèle : ce monument, c'est vous.

Pour obtenir la grâce des habitants d'Antioche, qui avaient brisé les statues de Théodose, l'évêque Flavien disait à cet empereur : « On ne vous admirera pas tant pour ces pierres précieuses de vos images, que pour la victoire remportée sur votre colère, si vous pardonnez. Ils ont renversé vos statues ; mais vous pouvez en élever de plus belles. Non plus une statue d'airain sur la place publique, non pas même une statue d'or rehaussée de tout l'éclat des pierreries, mais un monument construit de pierres plus précieuses, un monument composé de vertus (1). » Or, M. F., tel est le véritable monument qu'il faut élever à la mémoire de votre saint pasteur, le monument des âmes converties, le monument des chrétiens revenus à la pratique solide et persévérante des devoirs religieux, le monument des âmes purifiées par la pénitence, sanctifiées par l'Eucharistie, préparées pour l'éternité bienheureuse. Ah

(1) S. Jean Chrysostôme. *Homélie XXI*[e] *au peuple d'Antioche.*

croyez bien qu'on admirera ce monument de courage chrétien, de respect humain foulé aux pieds, de passions vaincues, plus que celui de pierres savamment travaillées. « *Nec tantùm omnes admirantur propter istos* « *lapides, quantùm propter victoriam de indignatione* « *superatâ reportatam.* » Vous voulez un témoignage d'honneur dressé aux frais publics, pour dire à la postérité, le zèle, la charité, l'humble austérité de la vie sacerdotale qui s'est consumée pour vous : renversez les statues du péché. O ennemi des âmes, que notre saint défunt poursuivait de ses prières et qu'il cherchait à vaincre en crucifiant sa chair, on renversera tes statues. « *Dejecerunt statuas tuas.* » Et les nobles images des vertus les remplaceront dans les âmes ; « *sed illis cla-* « *riores restituere licet.* » Ce ne sera pas un bloc d'airain, d'or, de pierres précieuses, mais le temple des âmes, édifié sur le plan divin, dont sera faite la restauration par la bonté et la miséricorde de Dieu : « *Nec* « *æream, nec auream, nec lapillis coagmentatam, sed* « *omni materiâ pretiosiori indutam, humanitate scilicet* « *et misericordiâ.* »

O bon pasteur, voilà, vous le savez, le monument à l'érection duquel nous travaillons, par vos ordres et sous votre main bénissante ; voilà le monument que chacun va vous dresser en son âme. « *Talem in mente quisque suâ statuam erigent* ; » et vous en aurez autant qu'il y aura de fidèles chrétiens dans la cité dunoise : « *Et tot habetis statuas quot orbem habitant homines* ; » vous en aurez autant qu'il viendra plus tard d'âmes sanctifiées par celles que vous aurez formées : « *quot*

« *habitant homines et habitabunt.* » Comme si eux-mêmes avaient reçu vos soins et connu vos vertus, ils vous admireront et vous aimeront, *et tanquàm ipsi benè fuerint habiti, sic te admirabuntur et amabunt.*

Châteaudun, imp. A. Lecesne.

BIBLIOTHEQUE NATIONALE DE FRANCE
3 7502 01048165 5

www.ingramcontent.com/pod-product-compliance
Lightning Source LLC
LaVergne TN
LVHW020252230826
846091LV00006B/2377

* 9 7 8 2 0 1 1 7 7 0 7 4 5 *